ADRIANA FALCÃO

Pequeno Dicionário de
Palavras ao Vento

2ª edição

Ilustrações de
THAIS BELTRAME

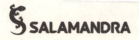

Texto © 2011 Adriana Falcão
Ilustrações © 2011 Thais Beltrame
Editora Salamandra: 1ª edição, 2011; 2ª edição, 2013.

COORDENAÇÃO EDITORIAL
Lenice Bueno da Silva

ASSISTENTE EDITORIAL
Danilo Belchior

PROJETO GRÁFICO
Traço Design

DIAGRAMAÇÃO
Cristina Uetake e Elisa Nogueira

DIGITALIZAÇÃO DAS IMAGENS
Angelo Greco

IMPRESSÃO
Log&Print Gráfica, Dados Variáveis e Logística S.A.

CÓDIGO: 12085339
LOTE: 797308

Dados Internacionais de Catalogação na Publicação (CIP)
(Câmara Brasileira do Livro, SP, Brasil)

Falcão, Adriana
  Pequeno dicionário de palavras ao vento /
Adriana Falcão ; ilustrações de Thais Beltrame. -
2. ed. - São Paulo : Salamandra, 2013.

  ISBN 978-85-16-08533-9

  1. Literatura infantojuvenil I. Falcão,
Adriana. II. Título.

13-00183   CDD-028.5

Índices para catálogo sistemático:
1. Literatura infantojuvenil   028.5
2. Literatura juvenil   028.5

Todos os direitos reservados

Editora Moderna Ltda.
Rua Padre Adelino, 758, Belenzinho - São Paulo - SP - Cep 03303-904
Vendas e Atendimento:
Tel.: (11) 2790-1300 Fax: (11) 2790-1501
www.salamandra.com.br
Impresso no Brasil / 2025

Índice

A p. 5   B p. 11   C p. 15   D p. 19

E p. 25   F p. 29   G p. 33   H p. 37

I p. 41   J p. 47   L p. 51   M p. 55

N p. 61   O p. 65   P p. 69   Q p. 77

R p. 81   S p. 87   T p. 93   U p. 99

V p. 103   X p. 107   Z p. 111

Primeira letra do alfabeto que também é a primeira letra da palavra amor e se sente importantíssima por isso.

Abandono

Quando uma jangada parte e você fica.

Aborrecimento

Tipo de chatice que, além de chata, quase sempre é circunspecta.

Abracadabra

Palavra que se diz capaz de transformar sapo em príncipe ou vice-versa.

Adeus

O tipo de tchau mais triste que existe.

Abreviatura
Ótima saída para quem está com preguiça de escrever a palavra toda.

Absurdo
O que as pessoas sérias dizem daquilo que não faz sentido para elas.

Aceitação
Pensar "então tá bom" em vez de "já que tem que ser assim".

Aconselhável
Aquilo que provavelmente você não está com a menor vontade de fazer.

Adolescente
Toda criatura que tem fogos de artifício dentro dela.

Agonia
Quando o Maestro que rege você se perde totalmente.

Agressão
Coice que pode ser desferido com patas, mãos, pés, atos ou palavras.

Alfabeto
Onde todas as letras separadas ficam juntas.

Amanhã
Dia de realizar os sonhos pendentes.

Ameaça
Promessa de violência física ou moral, muito própria dos covardes, formada por exigências do tipo "se você isso, eu aquilo".

Ano-luz
Quando cada estrela comemora seu *réveillon* particular.

Aperreio
Preocupação calorenta bastante típica do Nordeste do Brasil.

Aquarela
Todos os quadros que não foram pintados ainda.

Aquário
Prisão de peixe que tem como desculpa ser vitrine.

Aristocracia
Tipo de governo, gente ou pensamento que parte do estranho princípio de que uns poucos lá são melhores do que o resto.

Arrependimento
Inútil vontade de pedir ao tempo para voltar atrás.

Arrogância
Atitude chata ou burra praticada por pessoas que, por falta de memória ou de humildade, se esquecem de que são exatamente iguais às outras.

Artista
Espécie de gente que nunca vai deixar de ser criança.

Ausência
Uma falta que fica ali presente.

Autocrítica
Quando se tira a vaidade do caminho para se enxergar melhor por dentro.

aplauso

Quando as mãos
não necessitam da boca
para dizer "gostei".

Autoridade

Gente vestida de importante, com cara de importante e jeito de importante, que pretende dizer e fazer o que é importante, mesmo que ninguém se importe com aquilo.

Aviso

Frase que costuma andar com o verbo servir atrasado e por isso só serve quando não serve mais.

Azar

Desculpa que bota no destino a culpa daquilo que atrapalha a gente.

Segunda letra do alfabeto.
Primeira letra do beijo.
Só serve para última letra de
palavra lá para os lados
da Turquia.

Balé
*Quando o corpo
é lápis, espaço é
papel e música
é motivo.*

Baderna
Aquilo que a casa vira quando a mãe sai um minutinho.

Bajulação
Frase com elogio demais que antecede outra que vai pedir alguma coisa em troca.

Banca
Monte de gente sentada fazendo cara de quem sabe mais do que os outros.

Barão
Título que tem como única utilidade ser título.

Basta
Demonstração que, dependendo da entonação da pessoa, prova que agora ela encheu o saco e acabou-se.

Bêbado

Alguém ou muito alegre ou muito triste, quase nunca mais ou menos.

Beija-flor

A coisa que mais se parece com flor, tirando mulheres apaixonadas, borboletas e filhos.

Beliscão

1. Primeira tentativa de se provar que está acordado.
2. Penúltima tentativa de mãe nervosa, frequentemente acompanhada de um grito.
3. Última tentativa de paquera, seguida de beijo ou bofetada.

Belo

Tudo que os olhos pensarem que são coração.

Bênção

Um sim que pretende dar sorte.

Bem-me-quer

Quando a flor tem um número de pétalas que ajuda.

Benfeito
Situação em que o chato se estrepa.

Bermuda
Peça de roupa usada por quem acha que vai se divertir bastante.

Birra
Quando a chatice fica exibida e, portanto, mais chata ainda.

Biruta
Tipo de doido mais amalucado do que louco.

Bizarro
Um rato de terno e gravata ou coisa parecida.

Blá-blá-blá
Conversa de gente que desperdiça palavras.

Blefe
Quando a pessoa faz cara do contrário do que está sentindo.

Boca
A porta-voz do nosso próprio rei.

Briga
Desavença de opiniões emitida por bocas, mãos, pés, cinzeiros, ou tudo que estiver por perto.

Bu
Palavra que, seguida de exclamação e gritada de preferência no escuro, é capaz de causar um susto.

Letra que, em matemática,
é símbolo de "contém",
mas quando se olha no
espelho vira símbolo
de "está contido".

Cabaré
Loja que vende felicidade, ainda que pouco importante ou passageira.

Cabisbaixo
Quando o chão é a única coisa que não incomoda a pessoa.

Calendário
Onde moram os dias.

Calúnia
Quando, além de delator, o mau caráter ainda é mentiroso.

Carinho
Presente enviado pelo coração cujo portador pode ser mão, boca, gesto ou palavra.

Carnaval

Oportunidade praticamente obrigatória de ser feliz com data marcada.

Casamento

Junção de duas pessoas por um tipo de liga que não tem nada a ver com cola e até hoje não se tem notícia da receita.

Causa

Aquilo que vem antes do efeito e todo mundo disputa a autoria quando o resultado é satisfatório.

Civilizado

Quem já aprendeu coisas como cantar "parabéns pra você".

Calma
Quando as agonias dormem profundamente dentro da gente.

Clipe
Filmezinho que você vê, mas não precisa entender.

Cobiça
Vontade de ficar rico que às vezes coça tanto
que fere.

Contradição
Quando se diz (ou se faz) uma coisa e o seu oposto,
como se as coisas e seus opostos fossem amigos
de infância.

Contrato
Você isso, eu aquilo, com assinatura embaixo.

Convicção
Tipo de verdade absoluta que, mesmo sendo uma
grande mentira, não sai da certeza da pessoa.

Crédito
1. Contrário de débito, cada vez mais raro hoje
em dia. 2. Espécie de "fui eu" mais requintado.

Cruz
Tudo aquilo que, independente da forma ou
do material com que foi feito, serve para ser difícil
de carregar.

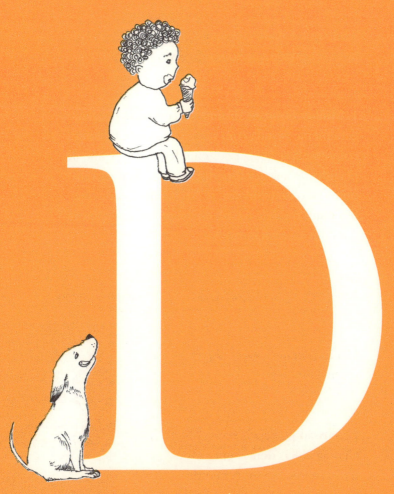

Letra tão pidona que
quando a gente fala
o nome dela parece
até que está pedindo.

Dádiva

Tudo que é dado com tanto amor e recebido com tanta felicidade que só sendo divino mesmo.

Dama

1. Mulher honrosa, distinta ou coisa que o valha, geralmente vestida com saias. (É, ou era, bastante comum ela se abanar com um leque.) 2. Nome de pecinha de jogador esperto, quando ela chega do outro lado do tabuleiro. 3. No baralho, carta que fica entre o valete e o rei e provavelmente namora com um ou com o outro.

Dane-se

Estado da alma de quem não está nem aí para aquilo.

Data

Dia importante por qualquer motivo que seja.

Debate

Discussão planejada com alguma antecedência em que, mesmo que se concorde com o outro, deve-se continuar falando até acabar o tempo.

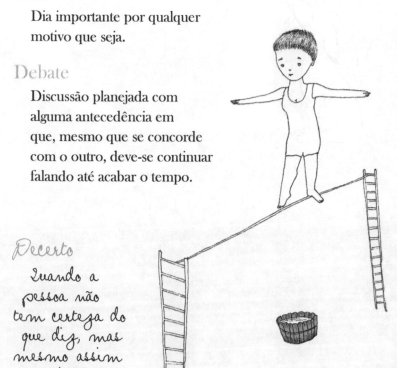

Decerto

Quando a pessoa não tem certeza do que diz, mas mesmo assim arrisca.

Dedução
O caminho entre
o "se" e o "então".

Decreto
Determinação que não leva nem um pouco em consideração a vontade dos outros.

Defeito
Cada pedacinho que falta para se atingir a perfeição.

Defesa
Argumento que pretende provar que a culpa não é de alguém, mesmo que seja.

Demora
Quando o tempo emperra na impaciência da gente.

Dengo
Vontade súbita de ter uma avó por perto.

Denúncia
Frase muito perigosa que nunca pode ser injusta.

Depressão
Um tijolo de tristeza que se instala na alma da gente.

Desatino
Um desataque de prudência.

Desculpa
Palavra que pretende ser um beijo.

Desejo
Para bebê, colo de mãe. Para mãe, riso de filho. Para os cabelos, vento. Para chuva, para-brisa. Para brisa, rede. Para os olhos, paraísos. Para isolados, visita. Para visita, atenção. Para teimosia, não. Para adolescente, chão. Para adulto, ser criança. Para sobreviver, trabalho. Para trabalho, pagamento. Para pobreza, justiça. Para cima, elevador. Para baixo, tobogã. Para casados, liberdade. Para solteiros, companhia. Para companhia, uma boa pessoa. Para pessoas em geral, alegria. Para coisas, nomes. Para menina, cor-de-rosa. Para flor, um regador. Para dor, anestesia. Para prazer, suspiros. Para mãos, apertos. Para os pés, descanso. Para o cansaço, sono. Para mertiolate, sopro. Para agonia, calma. Para a alma, céu. Para um corpo, outro. Para a boca, beijo. E comida para todos.

Desprezo
Quando uma importância escapole por conta própria do pensamento da gente.

Desânimo
Quando o "um, dois três e já" não surte lá muito efeito.

Destino
Se é que existe, que seja cúmplice.

Deus
Só Deus sabe.

Dialética
Quando a vontade de argumentar possibilita o indivíduo a ver as coisas de outras maneiras.

Distraído
Dono de uma cabeça pela qual a Lua tem grande estima.

Dor
Tudo que dá vontade de dizer "ai" lá de dentro do peito, seja topada, perda, cascudo ou abandono.

Quinta letra do alfabeto
que tem a honra de
juntar coisas ou pessoas,
nas frases.

Eba

Forma de agradecimento muito utilizada por quem ganhou um pirulito, por exemplo.

Eclipse

Quando um astro acorda mais amostrado aquele dia e se mete na frente dos outros.

Eco

Fenômeno repetitivo, tivo, tivo; que faz com que as palavras se propaguem, paguem, paguem.

Economia

1. Assunto engravatado que envolve, ou deveria envolver, números, dinheiro e justiça. 2. Quando você consegue deixar de comprar aquilo, ainda que aquilo seja exatamente o que você queira.

Encruzilhada
Lugar onde mora o "e agora?"

Educação
Português, matemática, ciências, geografia, história e, principalmente, gentileza.

Efêmero
Quando o eterno passa logo.

Egoísta
Quem se considera ímã.

Eita
Comentário que escapa da boca atraído por alguma surpresa solta por aí.

Elogio
Quando a frase surte efeito de champanhe.

Emoção
Um tango que ainda não foi feito.

Empresário
Quem é refém de índices, valores e taxas, inclusive as de colesterol.

Empurrão
Para cima, ajuda. Para baixo, para quê?

Encontro
Reunião formada pelo que procurava, pelo achado e pelo acaso.

Enfadonho
Tudo que antecede bocejos.

Ênfase
O negrito da questão.

Enfeite
Ajudante de beleza, geralmente dourado, prateado ou colorido.

Engano
Quando era para ser, mas não era.

Escuridão
O resto da noite, se alguém recortar as estrelas.

Espanto
Sentimento detonador de "ués", "uaus" ou "uais".

Espontâneo
O que vem assim, "vim!".

Estímulo
Um cutucão na vontade.

Etecétera
O que se diz quando não se sabe mais o que dizer.

Euforia
Vontade de gritar que não depende de gol.

Excitação
Quando os beijos estão desatinados para sair da sua boca depressa.

Sexta letra do alfabeto.
Merece ser evitada por
todo aquele que estiver
comendo farofa.

Fábula
História que poderia ter acontecido de verdade, se a verdade fosse um pouco mais maluca.

Façanha
Um feito com ares de capa, espada e *happy end*.

Faceiro
Quem está muito contente porque está muito contente.

Farsante
Alguém que não gosta de si o bastante a ponto de se fazer passar por outro.

Fascinação
O que faz a gente ouvir uma música de fundo mesmo no mais profundo silêncio.

Fatura
Papelzinho que serve para lembrar que já que você comprou, agora vai ter que pagar.

Fé
Toda certeza que dispensa provas.

Feminino
A metade rosa de cada coisa, inclusive das azuis.

Fenômeno
Fato com cara de feito.

Fértil
Que pode vir a ser pai, mãe, fruta ou flor.

Fidalgo
Homenzinho que sempre julga estar de cartola.

Fidelidade
Um trato que você faz com você mesmo de cumprir os tratos que você fez com os outros.

Filho
Serzinho adorável e todo seu que um dia cresce e passa a ser dele próprio.

Finado
Que está lá, não sei onde, muito feliz, espero.

Flerte
Quando se joga "escravos de Jó" com os olhos.

Fantasia
Qualquer tipo de "Já pensou se fosse assim?"

Fogueira
O que se sente lá dentro quando alguém vai e acende a gente.

Fonema
Quando palavra é música e letra é nota.

Fotografia
Um pedaço de papel que guarda um pedaço de vida nele.

Fracasso
Sentimento que vem antes do "dessa vez eu consigo, quer ver?".

Franqueza
Quando as verdades resolvem sair e saem mesmo e pronto.

Frenesi
O que a excitação sente sempre que vê um cometa.

Fronteira
Linhazinha imaginária que une uns e separa outros.

Frustração
Uma tristeza que fica quando a expectativa acaba.

Fugaz
O que passou... Passou!

Futuro
Tudo que vem depois desse instante, desse agora, desse outro, e dos próximos.

Sétima letra do alfabeto
que fica irritadíssima
quando a confundem
com o J.

Gelo
Aquilo que se sente na espinha quando o amor diz que vai embora.

Gafe
Vergonha que, na hora, exige emenda, e quando vira memória dá arrepio.

Galanteio
Tipo de elogio que quer, em troca, beijo.

Galáxia
A casa de todos os lugares.

Garantia
Quando alguém coloca uma certeza em algum lugar do futuro.

Gargalhada
Cascata de riso sem barragem.

Gemido
Quando nenhuma palavra se encaixa com o que a pessoa tinha que dizer naquela hora.

Gene
Negocinho mínimo que determina para o resto da vida se a pessoa vai gostar de se olhar no espelho ou não.

Gênese
Cada versão de quando e como começou isso tudo.

Gente
Carne, osso, alma e sentimento, tudo isso ao mesmo tempo.

Girassol
Flor que gosta de se fazer de difícil para a Lua.

Gíria
Palavra formada de letras, como todas as outras, mas que é mais moderninha, dependendo da data.

Goleiro
Alguém em quem se coloca a culpa do gol.

Graça
Tudo que é dado e recebido com sorriso.

Grade
Que serve para prender todo mundo, uns dentro, outros fora.

Grampo
Que serena cabelos assanhados, une papéis importantes ou vigia conversas telefônicas.

Gratificação
Um obrigado que vale dinheiro.

Grinalda
Palavra tão bonita que só podia mesmo ser enfeite.

Guarda
Moço que devia ajudar a gente na rua.

Guerra
Onde gente ou é assassino ou é barata, como se isso fosse coisa bastante corriqueira.

Guilhotina
Máquina que, se tivesse cabeça, certamente pensaria duas vezes antes de exercer o seu ofício.

Gula
Quando chocolate é mais importante que espelho.

Oitava letra do alfabeto que deve sentir um imenso complexo de inferioridade quando está lá, mas ninguém escuta, em começo de palavra.

Hábitat
Onde mora quem mora ali.

Haicai
Como eu gostaria
De com apenas três frases
Fazer poesia.

Hálito
Quando ar pode ser flor.

Haraquiri
Ato suicida cometido geralmente por mulheres, quase sempre japonesas, principalmente no final da ópera.

Harmonia
Quando os olhos, os ouvidos, a boca e o coração sorriem ao mesmo tempo.

Hemisfério
Cada cumbuca que fica se você corta ao meio uma esfera.

Herói
Aquele para quem, em vez de empecilho, medo é desafio.

Hieróglifo
Desenho que podia ser palavra.

Hino
Música para ser cantada com cara de quem está bem concentrado naquilo.

Hipocondria
Mania de transformar espirro em pneumonia.

Hipoteca
Quando a pobre pessoa tem que prometer o que tem em troca do que não tem.

Hipótese
Cada "e se" que existe no mundo.

Histeria
Um desespero tão desesperado que até transborda.

História
Quando todas as palavras do dicionário ficam à disposição de quem quiser para contar qualquer coisa que tenha acontecido ou sido inventada.

Homem
Bípede que tem a sorte, ou o azar, de se apaixonar perdidamente.

Honestidade
Qualidade de quem faz questão de ser digno de si próprio.

Hierarquia
Uma escada de importância onde os que estão lá em cima determinam em que degraus devem ficar os lá debaixo.

Horizonte
Linha que serve para evitar que o céu e o mar se misturem.

Horóscopo
Aquilo que vai acontecer, no que depender da vontade dos astros.

Hostilidade
Má vontade que faz questão de deixar claro: não gosto, não gosto e não gosto.

Humanidade
Como é sinônimo, deveria ser coletivo de bondosos.

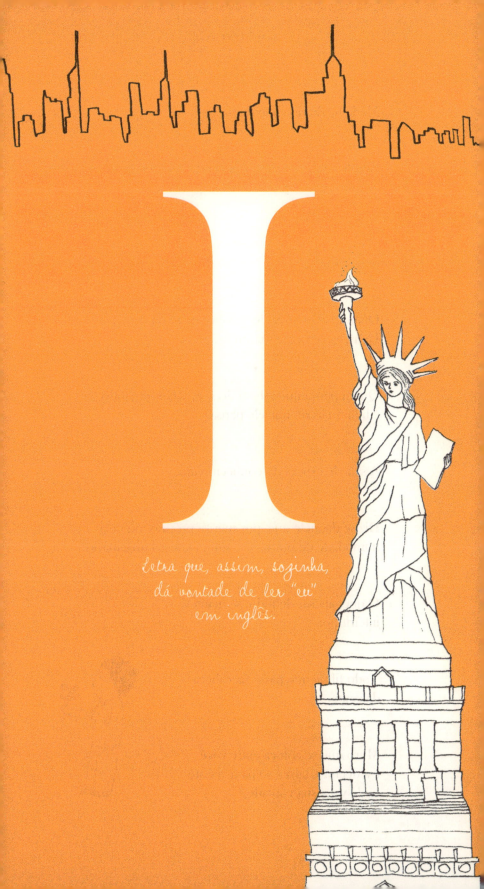

I

Letra que, assim, sozinha, dá vontade de ler "eu" em inglês.

Iate
Medalha de rico que flutua.

Idade
Aquilo que você tem certeza que vai ganhar
de aniversário, queira ou não queira.

Ideal
O que se deseja intensamente até o dia em que
se obtém.

Ideia
Quando alguém lá dentro da cabeça da gente, talvez
Deus, assopra algo assim de graça.

Idiota
Quem pensa que sabe tudo sem saber que tudo
é bem mais do que ele pensa.

Ignorância
A sala de espera do conhecimento.

Ilustre
Diz-se daquele que, por mérito próprio, ou pela
humildade de outro, vive num pedestal imaginário.

Imaculado
O que, apesar de tudo, se manteve
inteirinho.

Imaginação
Todo filme que passa na cabeça
da gente.

Impasse
Muro que se coloca entre você
e a decisão, talvez só para ver até
onde vai a sua vontade.

Ímpeto

Quando a atitude pula como se tivesse uma mola.

Implicância

Tipo de desgostar que finge não ser motivado por nada, provavelmente para esconder algum motivo inconfessável.

Importância

O lugar que algo ocupa na lista de alguém.

Impotência

Um "Mandrake!" na possibilidade de alguém fazer algo.

Idolatria

Espécie de amor que torna aquele que ama bem pequeninho e aquele que é amado uma enormidade.

Incentivo
Uma força que pode não levantar geladeira, mas pelo menos levanta a moral.

Inclusive
Parte importante da argumentação que se faz passar por mero detalhe.

Incoerência
O que só existe para não fazer sentido.

Imitação
Algo que tem como diferencial ser igual.

Incontestável
Que não aceita "mas" nem "porém".

Infância
O prefácio da pessoa.

Inflação
Complicação que resulta na menina querer uma boneca e o pai não poder dar.

Ingenuidade
Quando o saber ainda está nu.

Inquérito
Perguntas que não são movidas por curiosidade, infelizmente.

Insensatez
Tipo de bobagem que quase sempre é gostosa.

Insônia
Quando o pensamento coloca muitos obstáculos no caminho do sono.

Interessante
Que desperta um "oh" no desejo da gente.

Interrogação
Sinal de que ficou alguma dúvida.

Intuição
Aviso que não avisa que vai avisar e vem sem certificado de garantia.

Inútil
Que desta vez não serviu, quem sabe na próxima?

Inveja
O que dá quando se fica vigiando muito o galinheiro do vizinho.

Invenção
Todo filhote de toda cabeça.

Letra que tem o mesmo
problema que o G,
só que ao contrário.

Já
Nesse exato momento, depois dessa vírgula pode já ter passado.

Jamais
Um "nunca mais" meio irritado.

Janeiro
Primeira oportunidade do ano de se mostrar simpático.

Jasmim
Que tem a sorte de ser flor e ainda tem a graça de se chamar assim.

Jegue
Jumento que diria oxente, se jumento falasse.

Jingle
Quando geladeira é musa.

Joaninha
Bicho que deve ter nascido num dia em que a Criação estava especialmente bem-humorada.

Jornal
Algo que deveria dizer a verdade, somente a verdade, nada mais que a verdade.

Juramento
Palavra que, mesmo sem ter bola de cristal, garante algo no futuro.

Julgamento
Sentimento que periga transformar a vida em tribunal.

PEQUENO DICIONÁRIO DE PALAVRAS AO VENTO

Janela
Por onde entra
tudo que é lá fora.

Jus
Um merecer que sabe falar difícil.

Justiça
Que está necessitando urgentemente de um transplante de córnea.

Justificativa
Tentativa de desculpa que nem sempre cola.

Juventude
Os primeiros capítulos da pessoa.

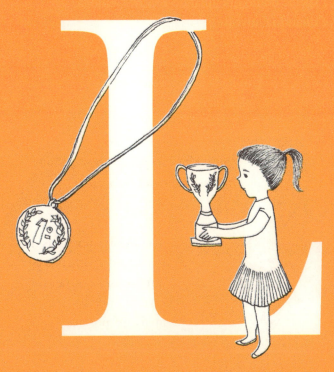

Primeira letra de letra.
Acha-se fundamental
por causa disso.

Lá

Onde a gente fica pensando se está melhor ou pior do que aqui.

Laço

Espécie de nó que quando é visível, enfeita, e quando é invisível, estreita.

Lacuna

Um nada que era para ser alguma coisa.

Lágrima

Sumo que sai pelos olhos quando se espreme um coração.

Lânguida

Uma das características da mocinha do romance e um dos motivos pelo qual o mocinho se apaixona por ela.

Lépido

Alguém que, por causa de uma alegria bem alegre, se sentiu coelho de repente.

Lantejoula

O que a mulher veste quando pretende
ser Lua naquela noite.

Lápis

Que, dependendo da cor, pode virar letra,
céu, Sol, mar, estrada, casa, telhado...

Lástima

Tudo que dá vontade de dizer sempre que
o mundo desaba.

Lealdade

Qualidade de cachorro que nem todas
as pessoas têm.

Leitor

Para quem cada palavra escrita é dedicada.

Lembrança

Outros olhos que a gente tem que, ao invés de
enxergarem o que está ali na frente, conseguem
enxergar o que já ficou lá para trás.

Ler

Ter o poder de viver outras vidas sem precisar
nem sair da cama.

Leseira

Quando o mundo está fazendo tóin em volta
da gente.

Letra

Cada uma das meninas do alfabeto quando elas não
estão de mãos dadas.

Léu
Lugar aonde vai o que vai a lugar nenhum.

Leviano
Quem deixou a seriedade na gaveta.

Lhufas
Tudo que os pernósticos sabem sobre humildade.

Libélula
Inseto vestido para baile.

Liberdade
Um azul que atrai e amedronta ao mesmo tempo.

Língua
A maestrina dos beijos e das palavras.

Livro
Onde moram as histórias.

Lógica
Quando pensamento é detetive.

Loucura
Coisa que quem não tem só pode ser completamente louco.

Lucidez
Quando o pensamento não está fora de foco.

Letra um pouco difícil
para quem está gripado.

Mãe

Aquilo que dá vontade de gritar quando a gente não sabe o que fazer.

Magia

Tudo que faz a gente sentir como se estivesse num filme da Disney.

Mágoa

Um tipo de desgosto que gosta de bolero.

Majestade

Uma das poucas oportunidades de se usar o pronome vós.

Malabarista

Qualquer um que consiga viver apenas com um salário mínimo.

Maldição

Praga que conta com o voto dos demônios.

Melancolia

Valsa triste que toca dentro da gente de repente.

Medo

Sentimento anterior
ao ato de enfrentar
ou fugir que acomete
tanto corajosos
quanto covardes.

Manha

Quando os ais e os uis
são maiores do que a dor
propriamente dita.

Manhã

O prelúdio do dia.

Mania

Atitude que pensa
que é eco.

Maré

Quando Lua é presidente.

Matraca

Algo fácil de abrir, mas difícil
de fechar, principalmente
durante aula.

Maturidade

Quando o enredo da pessoa se depara com sua
trama central.

Matuto

Sábio que não sabe que o que sabe é sabedoria.

madrugada
Quando vivem os sonhos.

PEQUENO DICIONÁRIO DE PALAVRAS AO VENTO

Mazela
Doença que se presta muito a queixa.

Megalomaníaco
Todos os Xás da Pérsia que não são Xás e nem moram na Pérsia.

Mesquinharia
Quando baixa um Tio Patinhas na generosidade da pessoa.

Metamorfose
Uma possibilidade borboleta que habita o mundo todo.

Misericórdia
Quando o "coitado!" vem seguido de ajuda.

Miragem
Lago sem água rodeado de árvores sem árvores.

Moda
O que... mudou. Não sei mais.

Morte
Algo ou alguém incógnito que tem por hábito (ou ofício) levar as pessoas para lugar ou estado desconhecido, geralmente em momentos inesperados, frequentemente por causas ignoradas, deixando nas pessoas que não foram uma dor inexplicável de proporções incomensuráveis e, na maioria dos casos, acompanhada de muitas lágrimas.

Muro
Poleiro de indecisos.

Letra que vira número
quando pode ser N coisas.

Narcisismo
Quando o olhar ricocheteia e volta.

Nada-consta
Um "essa pessoa é bacana" registrado em documento.

Namoro
Quando o universo inteiro em volta importa menos do que um abraço.

Não
Palavra que alguns só aprendem a dizer depois de anos de análise.

Nascimento
O que acontece exatamente um ano antes do primeiro aniversário.

Natal
Dia bom para todo mundo, exceto para os perus e os irremediavelmente infelizes.

Natureza
Tudo que era antes de ser o que é.

Negócio
Que se é bom para um, certamente é ruim para outro.

Nem
Quando sequer a última esperança deu as caras.

Nenhum
Tudo que não se presta a número.

Nervosismo
Tempestade particular que revira tudo dentro da pessoa.

Neurose
Diabinho que serve para atormentar o juízo.

Ninguém
Todo aquele que não foi a uma festa que ficou vazia.

Noiva
Moça que geralmente usa branco por fora e vermelho por dentro.

Nome
Toda palavra que já tem dono.

Nostalgia
Quando a alma da gente visita um sentimento passado. Ou será quando um sentimento passado visita a alma da gente?

Novela
Única situação onde, quanto mais complicação houver, mais a gente gosta.

Nunca
Palavra bastante corajosa, mas quase nunca cumprida.

Letra metida a macho.

Oásis
Tudo que é marquise em meio a qualquer tipo de temporal.

Objetivo
Quando a vontade é seta, alvo.

Obrigação
Coisa que não deixa você sair assobiando por aí, sei lá para onde.

Obscuro
Escuro que às vezes acontece mesmo quando as luzes estão acesas.

Obséquio
Um favor de fraque e cartola.

Obsessão
Cisma que cisma com ela própria.

Óbvio
Não precisa explicar.

Ócio
Passar uma tarde em Itapoã.

Ofensa
Quando a palavra é boa de mira e acerta exatamente na ferida.

Oferta
Que custa não sei quanto e noventa e nove.

Omisso

Quem não se mete mesmo sem ter ouvido um "não se meta".

Onde

O quando do tempo.

Ontem

Que já tem cara de filme, mas ainda não tem cara de sépia.

Ópera

Uma história toda contada em dó, ré, mi, fá, sol, lá, si.

Obedecer

Aceitar que o seu desejo nem sempre pode ser o primeiro da lista.

Oportunidade
O que faz você se sentir gênio quando aproveita e cretino quando perde.

Oposição
Todo mundo que não é amigo do presidente.

Orgulho
Sentimento típico de pai e mãe, movido por qualquer coisa que o filho faça.

Origem
Lá de onde veio o que já virou outra coisa.

Original
Anterior à xerox.

Ousadia
Quando o coração diz para a coragem "vá" e a coragem vai mesmo.

Outro
Tudo que não cabe no espaço em que você ocupa.

Outrora
O hoje em dia de daqui a muito tempo.

Ozônio
Camada que está virando peneira.

Letra que, repetida, e
com um "que" no meio,
é bastante usada em
casos de topada.

Paciência

Uma mãe que existe em todo mundo.

Pai

Filho que cresceu de repente e quando vê já tem seu próprio filho.

País

Lugar que nunca poderia ser invadido, a não ser com pecinhas coloridas, se os presidentes estivessem jogando "War", o que é um pouco improvável.

Paixão

Quando, apesar da placa "perigo", o desejo vai e entra.

Página

Cada uma das pétalas de um livro.

Palavra

As gramáticas classificam as palavras em substantivo, adjetivo, verbo, advérbio, conjunção, pronome, numeral, artigo e preposição. Os poetas classificam as palavras pela alma porque gostam de brincar com elas e para brincar com elas é preciso ter intimidade primeiro. É a alma da palavra que define, explica, ofende ou elogia, se coloca entre o significante e o significado para dizer o que quer, dar sentimento às coisas, fazer sentido. Nada é mais fúnebre do que a Palavra fúnebre. Nada é mais amarelo do que o amarelo-palavra. Nada é mais concreto do que as letras c, o, n, c, r, e, t, o, dispostas nessa ordem e ditas dessa forma, assim, concreto, e já se disse tudo, pois as palavras agem, sentem e falam por elas próprias. A palavra nuvem chove. A palavra triste chora. A palavra sono dorme. A palavra tempo passa. A palavra fogo queima. A palavra faca corta. A palavra carro corre. A palavra palavra diz. O que quer. E nunca desdiz depois. As palavras têm corpo e alma, mas são diferentes das pessoas em vários pontos.
As palavras dizem o que querem, está dito, e pronto. As palavras são sinceras, as segundas intenções são sempre das pessoas. A palavra juro não mente. A palavra mando não rouba. A palavra cor não destoa. A palavra sou não vira casaca.
A palavra liberdade não se prende. A palavra amor não se acaba. A palavra ideia não muda. Palavras nunca mudam de ideia. Palavras sempre sabem o que querem. Quero não será desisto. Sim nunca jamais será não. Árvore não será madeira. Lagarta não será borboleta. Felicidade não será traição. Tesão nunca será amizade. Sexta-feira não vira sábado nem depois da meia-noite. Noite nunca vai ser manhã. Um não será dois em tempo algum.

Dois não será solidão. Dor não será constantemente.
Semente nunca será flor. As palavras também têm
raízes, mas não se parecem com plantas, a não ser
algumas delas, verde, caule, folha, gota. As células das
palavras são as letras. Algumas são mais importantes do
que as outras. As consoantes são um tanto insolentes.
Roubam as vogais para construírem sílabas e obrigam a
língua a dançar dentro da boca. A boca abre ou fecha
quando a vogal manda. As palavras fechadas nem
sempre são mais tímidas. A palavra sem-vergonha está
aí de prova. Prova é uma palavra difícil. Porta é uma
palavra que fecha. Janela é uma palavra que abre.
Entreaberto é uma palavra que vaza. Vigésimo é uma
palavra bem alta. Carinho é uma palavra que falta.
Miséria é uma palavra que sobra. A palavra óculos é
séria. Cambalhota é uma palavra engraçada. A palavra
lágrima é triste. A palavra catástrofe é trágica. A palavra
súbito é rápida. Demoradamente é uma palavra lenta.
Espelho é uma palavra prata. Ótimo é uma palavra
ótima. Queijo é uma palavra rato. Rato é uma palavra
rua. Existem palavras frias como mármore. Existem
palavras quentes como sangue. Existem palavras
mangue, caranguejo. Existem palavras lusas, Alentejo.
Existem palavras itálicas, *ciao*. Existem palavras
grandes, anticonstitucional. Existem palavras
pequenas, microscópico, minúsculo, molécula,
partícula, quinhão, grão, covardia. Existem palavras
dia, feijoada, praia, boné, guarda-sol. Existem palavras
bonitas, madrugada. Existem palavras complicadas,
enigma, trigonometria, adolescente, casal. Existem
palavras mágicas, shazam, abracadabra, pirlimpimpim,
sim e não. Existem palavras que dispensam imagens,
nunca, vazio, nada, escuridão. Existem palavras
sozinhas, eu, um, apenas, sertão. Existem palavras
plurais, mais, muito, coletivo, milhão. Existem palavras
que são palavrão. Existem palavras pesadas, chumbo,

palavras palavras palavras palavras palavras palavras palavras palavras palavras palavras palavras palavras

elefante, tonelada. Existem palavras doces, goiabada, *marshmallow*, quindim, bombom. Existem palavras que andam, automóvel. Existem palavras imóveis, montanha. Existem palavras cariocas, Corcovado. Existem palavras completas, elas todas. Toda palavra tem a cara do seu significado. A palavra pela palavra tirando o seu significado fica estranha. Palavra, palavra, palavra, palavra, palavra, palavra, palavra, palavra, palavra, palavra, palavra, palavra, palavra, palavra, palavra, palavra não diz nada, é só letra e som.

Palhaço

Todo aquele que tem um Carlitos na alma.

Paquera

Quando, para corações mandarem recados, olhos viram pombos-correio.

Paradoxo

Pensamento que gosta de ser do contra.

Paranoia

Pensamento que gosta de ser carrapato.

Partitura

Mapa da música que manda as notinhas subirem ou descerem a escada dos tons no tempo exato.

Patrimônio
Uma maneira de olhar tijolo e ver dinheiro.

Pavor
Quando, mesmo sem barata, a gente grita.

Pecado
Algo que os homens inventaram e então inventaram que foi Deus que inventou.

Pediatra
Pessoa adorada por todas as outras mães, além da sua.

Percepção
Tudo que desperta o coração do cérebro.

Perfídia
Tipo de traição capaz de inspirar grandes boleros.

Pergunta
Frase escura à espera de uma frase luz.

Personagem
Amigo que nunca tem outro compromisso quando a gente precisa da companhia dele.

Pensamento
Monólogo silencioso que não deixa a cabeça da gente em paz nem um minuto.

Pesadelo
Quando o diretor do sonho prefere encenar uma tragédia naquela noite.

Poeta
Quem nasceu com talento para pôr do sol.

Polêmica
Situação estabelecida pela insistência dos que acham que todo mundo tem que pensar do mesmo jeito.

Privilégio
Quando alguém é escolhido por motivo alheio a uni duni tê.

Procuração
Instrumento que serve para uma pessoa emprestar os seus sins e os seus nãos para uma outra.

Profecia
Palpite com ar sublime.

Protocolo
A maneira mais complicada de se resolver qualquer negócio.

Prudência
Um buraco de fechadura na porta do tempo.

Psicanálise
Uma viagem através da bagunça que a vida fez na cabeça da gente.

Psiu
O nome das pessoas que a gente não sabe o nome.

Tudo que tem um não
sei quê de não sei quê.

Qualidade
Gosto não se discute.

Quando
O onde do tempo.

Quantidade
O nome de um número.

Quanto
O onde do preço.

Quarta-feira
Ressaca (Nas de cinzas.)

Quebra-cabeça
Tudo que é feito de fragmentos só para dificultar mais a vida.

Quase
O curinga de toda incerteza.

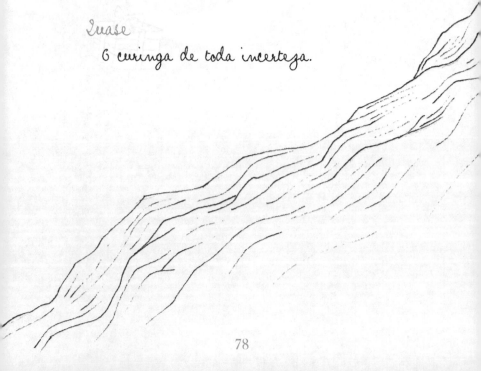

Quem
Que seja feliz, seja quem for.

Querer
Quando o olho do desejo brilha.

Questão
Ser ou não ser.

Química
Coisa que deve ter acontecido entre Romeu e Julieta e continua sendo matéria de estudo.

Quintal
Lugar que a saudade visita sempre que está mais bucólica.

Quisera
Lamento de quem não fez ou então fez e se arrependeu.

Quitação
Menos um item no orçamento e, principalmente, na lista da insônia.

Quixotesco
Na falta de moinhos de vento, confundir sinais de trânsito com vaga-lumes.

Quotidiano
Tentativa de deixar o cotidiano um pouco diferente.

Letra que é quase sempre
substituída pelo "L", caso o
emissor ainda não tenha
completado dois anos.

Rabisco

Obra de arte de filho que mãe vai guardando um por um, e haja gaveta.

Raciocínio

Quando o pensamento sobe uma escada.

Racismo

Como se um *poodle* achasse que quem não é *poodle* é vira-lata, ou o contrário.

Radical

Que é feito só de sim e não.

Rainha

A mulher do marido da rainha.

Rancor

Quando o fundo do coração não consegue dizer "deixa pra lá".

Razão

Quando o juízo aproveita que a emoção está dormindo e assume o mandato.

Rebolar
O que se tem que fazer para chegar lá.

Recalque
Quando vazio deixa marca.

Recém
Que acabou de virar agora.

Recomendação
Frase típica de mãe que geralmente é repetida mil vezes.

Recordação
Quando um pedacinho do passado volta ainda mais enfeitado.

Reflexo
Uma Lua que mora no mar.

Registro
Papel que pensa que é pessoa, casamento, morte, imóvel, divórcio, mas é só papel, coitado.

Regulamento
Lista que não foi você que fez, mas diz o que você tem que fazer.

Renúncia
Um "tudo bem" que não queria ter saído.

Réplica
Quando um "é a sua mãe!" foi devidamente autorizado.

Resignação
Quando o sapo consegue ser engolido.

Remorso
Quando a culpa fica gaguejando no coração da gente.

Resmungo
Queixa monossílaba que escapole.

Resposta
Frase luz que ilumina frase escura.

Resumir
Ato de desenfeitar o que é essencial.

Retórica
Falação de quem gosta de falar, e não para nunca, e pretende fazer uso da própria eloquência para dizer, explicar, revidar ou empregar toda e qualquer palavra para todo e qualquer fim, sempre adiando este fim, é claro, por gosto, método, tratado, regra, ou só por falação mesmo.

Retrospectiva
Tudo de novo, meu Deus, tomara que tenha sido bom.

Revanche
Oportunidade de recuperar ao menos
um pingo de autoestima.

Revolta
Quando o exército de soldadinhos de chumbo
que existem em você vai à luta.

Ridículo
Tudo que parece um cão abanando o rabo
para alguém que nem percebe.

Romance
Caso de amor muito bem encadernado.

Rotina
A mesma coisa, a mesma coisa, a mesma coisa,
a mesma coisa, a mesma.

Letra que vira dinheiro,
quando um traço cai
em cima dela.

Sacrifício

O que você deixa de fazer por você para fazer por alguém e divulgar depois.

Safadeza

De noite, na cama, manhã cedo, na cozinha, depois do almoço, na rede, de tarde, lentamente, à tardinha, na beira da praia...

Sagaz

Quem vê jeito até onde não tem.

Sagrado

Tudo que combina com uma cantada de Bach.

Salário

Paga de serviço que,
por um enigma
qualquer do universo,
o dos outros é sempre
maior do que o seu.

Segredo

Aquilo que você está louco para contar.

Samba
Mistura de chão, coração, cavaquinho
e caixa de fósforo.

Santo
Todo aquele que, para baixo, ajuda.

São
Santo cuja mãe preferia nomes que começassem
com consoantes.

Sedução
Mania que têm os olhos, ombros, cintura,
os quadris e a voz de brincar de ímã.

Sem
Se o "com" resolve fazer greve.

Semântica
Que serve para dar nome aos bois das palavras.

Separação
Um tchau comovido por não prever um
oi tão cedo.

Sério
Que dá vontade de rir, mas é proibido.

Sexo
Quando o beijo é maior do que a boca.

Shopping center
Um prédio onde moram compras em vez de gente.

Sigilo
Tipo importante de segredo que provavelmente
não se refere a vizinho.

Sílaba

O si, o la, e o ba. Em palavras como arremessamento se torna um pouco mais complicado separá-las.

Silêncio

Quando os ruídos estão sem assunto.

Sim

Palavra com som de sino que, tomara, abençoe.

Sinal

Aquilo que nossa superstição toma por advertência.

Sintoma

Febre, mancha, tosse, dor ou falta de desejo.

Só

Você com uma porção de vocês em volta.

Sonho

Um outro você que fica acordado enquanto você dorme.

Solução
Negocinho difícil que tem por ofício se esconder para a gente poder encontrar.

Sorte
Uma estrela cadente sem estrela cadente.

Status
Mercedes-Benz imaginária no julgamento da gente.

Súbito
"De repente" de poeta.

Surpresa
Tudo que não é esquilo, quando é um esquilo que você está esperando.

Superstição

Motivo descabido que obriga a pessoa a contornar a escada.

Suspiro

Gemido produzido por ser vivo quando sobra felicidade ou tristeza do lado de dentro dele.

Letra que é rabiscada nos
papéis, desenhada nos carros
empoeirados ou esculpida em
troncos de árvore por quem
é apaixonada por Tadeu,
Tiago, Túlio ou Terto.

Tabacaria

Empreendimento comercial que geralmente tem uma tabuleta onde se lê: "Tabacaria", e foi imortalizado por Fernando Pessoa desde que ele escreveu, a respeito do dono da tabacaria: "Ele morrerá e eu morrerei. Ele deixará a tabuleta e eu deixarei versos. A certa altura morrerá a tabuleta também e os versos também. Depois de certa altura morrerá a rua onde esteve a tabuleta e a língua em que foram escritos os versos. Morrerá depois o planeta girante em que tudo isso se deu".

Tabelião

Homenzinho que assegura a existência do óbvio.

Tafetá

O que era o vestido antes de ser um vestido e ir com a moça para a festa.

Tal

O sobrenome do Fulano.

Talvez

Resposta pior do que "não", uma vez que ainda deixa, meio bamba, uma esperança.

Taciturno
Quem, ainda que cercado de passarinhos, não está se sentindo Branca de Neve.

Tanto
Um muito que até ficou tonto.

Tédio
Um nada por dentro que não deixa ver nada lá fora.

Televisão
Retângulo que passa atrações para o povo ficar vendo. As atrações têm que passar aos pedaços para poder caber, entre um pedaço e outro, anúncios para vender coisas assim como bicicleta.
A finalidade é encontrar quem queira comprar o que é anunciado, pois com parte do dinheiro da venda pagam-se os tais anúncios, com parte do dinheiro dos anúncios pagam-se as tais atrações, e ainda sobra. Mas eles fazem as atrações tão bem--feitas que quem olha assim pensa que a finalidade da televisão são as atrações que passam nela.

Tempo
Onde moram os quandos.

Tentação
Pé de vento que às vezes carrega.

Teoria
Explicação que a cabeça inventa para a boca não se sentir menos importante do que os olhos.

Ternura
Amor com recheio de goiaba.

Teste
Simulação de ignorância só para verificar o conhecimento do próximo.

Testemunha
Quem, por sorte ou azar, não estava em outro lugar.

Tia
Pessoa que acha que sabe perfeitamente o que é melhor para o resto da família.

Todo
Situação que dispensa sumariamente a existência da palavra inclusive.

Tolerância
O tamanho do elástico da paciência da pessoa.

Tolo
Aquilo em que se torna quem se julga bem sabido.

Tom
Jobim.

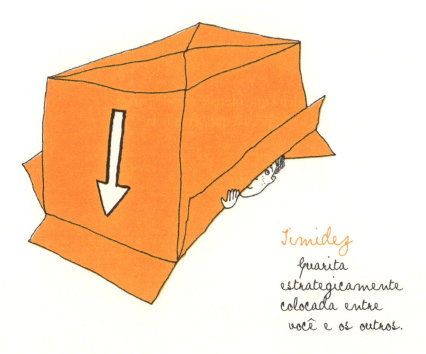

*Timidez
guarita estrategicamente colocada entre você e os outros.*

Torcida
Coincidência de cores, emblemas, camisas e gritos.

Transcendental
Que o cientista, por mais sabido que seja, não explica.

Transeunte
Pessoa, cujo nome não importa, que passa não importa para onde.

Trauma
Quando a gente não quer deixar para lá algo que já ficou para lá.

Trégua
Um pedacinho de paz espremido entre duas lutas.

Triunfo
Êxito todo metido.

Trono
Tipo de cadeira que oferece grande perigo de tornar tola a pessoa que senta nela.

Tudo
O dicionário completo.

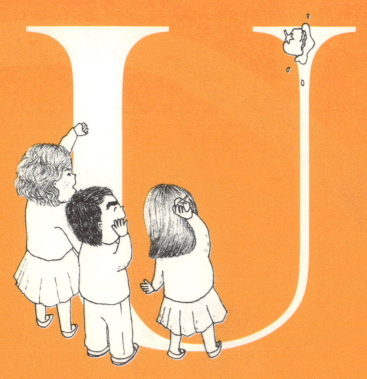

Letra que, além de ser vaia,
ainda tem poucas palavras
começando por ela, coitada.

Ufologia
Olhar o céu como estrada.

Ufanista
Quem carrega no gosto uma bandeira do Brasil.

Ui
"Ai" que ainda é arrepio.

Uirapuru
Espécie de Elis Regina que avoa.

Úlcera
Chateação tão chata que acabou por dar nisso.

Último
Que anuncia o começo de outra coisa.

Umbigo
Por onde mãe começa a fazer tudo pelo filho aproveitando a oportunidade de ele ainda estar dentro dela.

Úmido
Se é porque ainda não está seco, espera-se.
Se é porque ainda não está molhado, molha-se
mais um pouco.

Unânime
Que agrada gregos, troianos, e até críticos de arte.

Único
Tudo que, pela facilidade de virar nenhum,
pede cuidado.

Universo
Um só verso que contém toda a poesia
desse mundo.

Urbano
Sem vacas.

Urgente
Que não dá tempo de fazer xixi primeiro.

Usurpar
Brincar de "é meu" sem ser criança.

Útil
Que quando está emprestado faz falta.

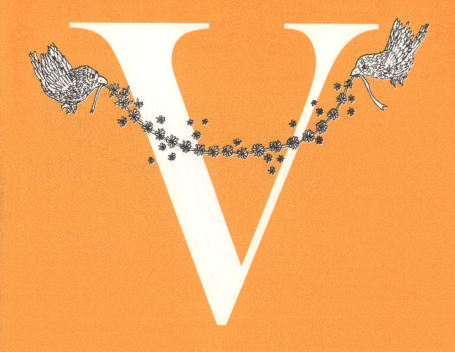

Vagabundo
Que tem todo tempo do mundo para errar por aí, o que não quer dizer absolutamente que um errante não acerte.

Vaga-lume
Bichinho cuja alminha acende ou cuja luzinha tem alma.

Vento
Mensageiro invisível.
Há quem diga que são quatro.

Vaidoso
Para quem a vida é Avenida.

Vaivém
Quando a certeza está com uma preguiça danada.

Valente
Pessoa que mora em qualquer lugar do planeta, mas tem coragem sertaneja.

Valor
Palavra que só vale acompanhada, pois, sozinha, pode ser muito, pouco, mais ou menos ou até nenhum.

Vanguarda
Tudo que, por vir na frente e chegar primeiro, provoca ués antes de provocar sins e nãos.

Vazio
Termo injusto com a palavra nada.

Velhice
A conclusão mais feliz a que uma história pode chegar.

Verbo
A primeira coisa que Deus fez, e em seguida, como para cada palavra tinha que ter uma coisa, Ele teve que fazer uma porção de coisas, para ficar uma coisa para cada palavra.

Verdade
Aquilo em que você acredita, mesmo que eu acredite no contrário.

Verso
Frase dita por algum deus, por intermédio de algum poeta.

Véspera
Quando você ainda não sabia que agora estaria lendo essa frase.

Vice
Algo entre ser e não ser.

Vício
Mania que se acredita doença.

Vírgula
A respiração da ideia.

Virtude
Qualidade com ar ilustre.

Visita
Quem aceita um cafezinho.

Vitória
Rainha que beija o vencedor.

Volúvel
Pessoa que ora quer o que quer, ora quer o que querem que ela queira.

Vulgar
Quando "comum" vira defeito.

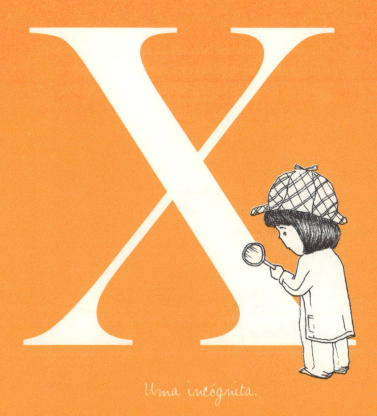

Uma incógnita.

Xadrez

Quando uns quadrados gostam mais de uma cor e outros preferem outra.

Xampu

Sabão de cabelo que na mulher do anúncio faz milagres.

Xeque

Situação bastante esclarecedora em que o rei, acuado, é obrigado a reconhecer que necessita da ajuda do peão, da torre, do cavalo, do bispo ou da rainha.

Xereta

Quem invade a risca imaginária que divide o pedaço que só diz respeito a outro.

Xeque-mate

Quando só resta ao rei imitar o poeta e pedir
um tango argentino.

Xerife

Homenzinho de chapéu e camisa xadrez
que usa uma estrela no peito, manda na cidade
do filme americano, mas quase nunca é o
protagonista da história.

Xerox

Multiplicação que não é milagre por ser
de papel e não de pães.

Xingamento
Palavra ou frase destinada a acabar com a alegria de alguém.

Xô
Única palavra do dicionário das aves traduzida para o português.

Xumbregar
Capacidade de saber aproveitar bem um forró.

Última letra do alfabeto que alcançou a glória quando foi usada pelo Zorro.

ADRIANA FALCÃO

Zoológico
Onde bicho é como se fosse quadro de parede.

Zaga

Algo que serve para o goleiro não se sentir o único culpado.

Zangado

Anãozinho da Branca de Neve que baixa na gente de vez em quando.

Zebra

Quando você esperava liso e veio listrado, por exemplo.

Zen

Quem consegue não enlouquecer mesmo sem tomar Prozac.

Zero

Onde o mais, que vinha virando menos, se encontra com o menos, que vinha virando mais.

Zigue-zague

O menor caminho entre dois bêbados.

Zíper

Fecho que precisa de um bom motivo para ser aberto.

Zumbi

A quem, na falta de remédio para dormir, só resta vagar noite adentro.

Zureta
Como a cabeça da gente fica ao final de um dicionário inteiro.

Adriana Falcão

Adriana Falcão nasceu no Rio de Janeiro, em 1960, mas passou boa parte de sua vida em Recife, onde se formou em arquitetura. Adriana nunca exerceu a profissão, mas com certeza usa suas habilidades arquitetônicas para criar as rocambolescas estruturas de suas histórias, sempre muito divertidas e influenciadas pelo folclore nordestino.

Ela é escritora premiada de livros para crianças, jovens e adultos. Mas também encanta o público com seu talento nos roteiros que cria para programas de TV (*A comédia da vida privada*; *A grande família*; *As brasileiras*; *Louco por elas*), para o cinema (*O auto da compadecida*; *A máquina*; *O ano em que meus pais saíram de férias*; *Fica comigo essa noite*; *Mulher invisível*; *Eu e o meu guarda-chuva*; *Se eu fosse você 1* e *2*) e também para o teatro (*A vida em rosa* e *Tarja preta*).

Todos os livros de Adriana Falcão estão sendo publicados pela Editora Salamandra.

Livros para crianças: *Mania de explicação*; *Mania de explicação: Peça em seis atos, um prólogo e um epílogo*; *A tampa do céu*; *Sete histórias para contar*; *Valentina cabeça na lua*; e *A gaiola*.

Livros para jovens e adultos: *Luna Clara & Apolo Onze*; *A comédia dos anjos*; *P.S. Beijei*; *Pequeno dicionário de palavras ao vento*; *Procura-se um amor*; *A máquina*; e *O Doido da Garrafa*.

Thais Beltrame

Quando Thais era criança, seu amor pelas palavras surgiu assim que aprendeu a ler. Depois ele ficou tão grande quanto seu amor pelo desenho, que já a acompanhava desde pequenininha. Quando ela não estava brincando na rua, só podia estar lendo livros e gibis e rabiscando pedaços de papel. Só que ela também rabiscava as páginas dos livros de seus pais, achando que aquilo era um segredo seu. Acreditava que os seus desenhos se tornariam parte do livro.

Nasceu em São Paulo, morou alguns anos nos EUA, onde estudou um pouco das palavras, um pouco de desenho e de tudo o que mora no meio. Hoje, consegue misturar os dois: já ilustrou várias revistas e livros, e também já teve seu trabalho exposto em galerias daqui, dos EUA e da Inglaterra.